Marius Hoffmann

Marius Hoffmann

Im Blau der Saphire

Gedichte

Umschlag: Paul Cézanne (1839-1906) - La Montagne Sainte-Victoire,
von Les Lauves aus gesehen (1902/06), Aquarell (Ausschnitt)
Herstellung und Vertrieb: BoD - Books on Demand, Norderstedt
Printed in Germany
ISBN 978-3-8311-2040-6

Im Blau der Saphire

„Denn er kommt mit den leichten Schritten des Plötzlichen, leise schleicht
er sich an; darum muss man ganz still sein, wenn man dieses ‚nun
ist er da‘ spüren will, im nächsten Augenblick ist es vorbei,
darum muss man ganz still gewesen sein, wenn es
einem gelingen soll, ihn zu nutzen. Und doch
hängt alles vom Augenblick ab.“

(S. Kierkegaard)

Blauer Korund

P U Z Z L E

Es gibt Steinchen
Die passen

Und solche
Die es nicht tun

Und wir
Erleben

Sie zu
Unterscheiden

SCHIEFE EBENE

Wie leicht ist
Dort zu spüren

Dass manches
Einfach nicht

Liegenbleibt

NICHT VIEL

Am Ende
Der Kette

Hat ihr
Schönstes Glied

Nicht viel
Davon

TRÄUME

Schlimm
Dass Träume

Ohne Körper
Da sind

Ihn aber doch
Dazu brauchen

S E G E L N

Beim
Segeln

Kann keiner
Schummeln

NACHSICHT

Du lernst

Viel vom
Sturm

Wenn
Du ihm

Nachsiehst

<u>SCHLIMM</u>

Schlimm
Fällst du erst

Wenn
Du nicht

Aufgefangen
Wirst

SCHMETTERLING

Nicht
Gerichtet

Doch
Verwandt

Folgt er
Dem Mohn

Auf seltsamere
Bahnen

F A L T E R

Was notwendig ist
Geschieht meist durch Zufall

Blüten warten
Im Grün

Kein Falter wird fragen
Wie man den Regen anhält

SELTSAM

Seltsam dass
Licht für Farbe
So wichtig ist

Wir aber der Sonne
Besser bald
Aus dem Weg gehen

VINCENT

In Brennnesseln
Getaucht

Sein weißglühender
Blick

Aus laichenden
Farben

NACKT

Sprichst
Du es aus

Ohne dass
Worte
Erröten

Du weißt ja
Sie böten
Gelegenheit

Dich nackt
Zu umarmen

AUGENBLICK

Was geschieht mit
Dem Wunsch dass dein

Schmerz endlich aufhört
Wenn es in ihr einen

Augenblick gab der
Alles wert war

F L I E D E R

In blauen
In wieder

So blauen
Tränen

So tauende
Sätze

Aus
Fluchten

Fliedernder
Augen

FLIEDER

Vergiss den Flieder
Und seinen Duft

Und vergiss
Dass du ihn

Vergessen
Wolltest

Wenn du
Etwas liebst

Das dir
Antwortet

JASMIN

Vögel ziehen
Sie ziehen vorbei

So hoch und weit und
Voll deiner Blicke

In ihrer Art in ihrer
Dann so seltsamen Art

Erliebterer
Augen

JASMIN

Du weißt
Wie es ist

Unterzugeh'n im
Nachtwarmen See

Und nicht zu ertrinken
Im Blau der Saphire

JASMIN

Tiefblaue Gründe
Voller Jasmin

Sie lächeln wenn
Sie dich sehen
Wie mit Flügeln
Herbei in ein
Erliebteres Fassen
Weit ins Gewand

Und allüberall
Hand in Hand
Nirgends ein Lassen
Das wo sie auch sei
Dir noch nie wählbar
War

JASMIN

Was machst du wenn
Du keinen Fallschirm
Mehr hast und ein Schritt
Der einzig Richtige
Wäre

Arme die fangen und
Halten vielleicht
Und vielleicht es ja
Doch tun und nur nicht
Sprechen davon

Später im Meer
So voller Wasser
Voller Jasmin
Im beider nah
So erliebteren Anders

ABENDSONNE

In ihren Augen
Kannst du dich sehen
Wenn du noch da bist

Wie die Abendsonne
Geht sie jeden Tag
Und immer unter

Und hält doch fest
Dein unabsehbar so
Leichtes Verweilen

BLICK

Weil Du längst weißt
Dass sie einäugig ist

Lässt Du der Schlange
Den Vorteil der Nacht

Im blutwarmen
Wasser

NACKT

Vertraust du
Dem Standpunkt

Der nichts
Zu verlieren hat

Nur wenn er
Nackt ist

FORELLEN IM SEE

Wenn es eine Liebe
Ohne Tränen gäbe

Bliebe dir
Nichts übrig als

Die Forellen im See
Zu beneiden

IN DER DECKUNG

Ich weiß dass Du mir
Das Herz brechen wirst

Und es nicht darum geht
Nicht zu verlieren

Ein Fell tarnt gut
Nur in der Deckung

IM SCHATTEN DER CIRCE

Es gibt
Diesen Schmerz

Oder die
Furcht

Im Schlag
Sich nackt

Wieder
Zu schämen

SPIEGEL

Ein Mädchen hält
Sein Kind im Arm

Und sieht vorbei an
Allem was fremd ist

Im Spiegel der keine
Tränen mehr hat

Erschrickt es
Am meisten

A H O R N

Was bleibt dem Ahorn
Im Licht der Auvergne

Wenn die Frucht hier
Fremder Kinder nicht

Anders kann als auf
Südwind zu warten

VIELLEICHT

Wenn du
Wie Wald wärst

Vielleicht ein
Verlockender Gedanke

Kämst du
Durchs Leben

Ohne jemals
Irgendjemand

Ernsthaft kennenlernen
Zu müssen

BLUT DES DRACHEN

Wenn

Jemanden
Lieben

Heißt

Verletzbar
Sein

Braucht

Der Drache
Sich nicht

Zu schneiden

GEFÄHRLICH

Wenn du den Hügel
Nicht spürst

Ist es gefährlich
Zu fragen

Welche der Ameisen
Schuld sei

I R O N I E

Es tut so
Weh sich

In ein Mädchen
Zu verlieben

Dem dann
Dasselbe passiert

STROMLAND

Ob ein Preis
Der Liebe

Die Störung
Des Lebens sei

Fragen nur
Gletscher

ESKIMOS

Eskimos haben viele
Worte für Schnee

Für Liebe
Nur eins

Lernen
Sie jung

Keins davon
Falsch zu gebrauchen

KOLOSS

Koloss von
Rhodos weiß

Dass er auf
Wasser steht

Er würde sich
Sonst frei bewegen

KUSS DER SCHLANGE

Eine Wehr
Hat Leichtfertiges

Auf unerkanntem
Terrain

F R A G E

Wo bliebe
Das Schwere

Wenn ein
Preis der Liebe

Dein Fallen
Wäre

BLICK

Liebe auf den zweiten
Blick ist schlimm

Sie kennt dich
Vorbereitet und

Deine
Wehrhafte Seite

SACKGASSE

Liebe ist
Wie Kunst

Infektiös

Am Ende
Der Sackgasse

VORSPRUNG

Auf der
Kreisbahn

Kannst
Du keinen

Vorsprung
Gewinnen

F U N D

Es gibt
Menschen

Die sich ein
Leben lang

Treu
Sind

Es ist nur
Der Wind

Der sich
Wundert

Er sucht sein
Zuhause auf

Seltsameren
Wegen

SINNVOLL

Wie sinnvoll
Ist es

An erlebte
Stärken

Sich
Zu halten

GEFÄHRLICH

Rühr
Nie

Die Asche
Der Hoffnung

Wenn sie
Noch warm ist

P A R A D O X O N

Das Glück
Verlässt den

Der nicht
Weiß

Dass es
Ihm fehlt

HARLEKIN

Ich glaube

Du suchst
Die Liebe

Noch bei
Den Engeln

NICHT SCHWER

Wenn du im Licht
Eines Engels stehst

Ist es nicht
Schwer

Selber
Zu glänzen

NICHT SCHWER

Es ist
Nicht schwer

Mit einem Engel
Zu fliegen

Der nur
Vergessen hat

Dass er
Es kann

ENGEL

Ich hab' noch nie
Einen Engel geseh'n

Was wird wenn
Du doch einer bist

Und es
Gefährlich so ist

Dass Du nichts weißt
Von beidem

LIDSCHATTEN

„Warst Du so
Aufgeregt damals?"

„Wenn ich nichts
Gelernt hatte."

Der Preis muss es wohl
Wert gewesen sein.

SCHATTENBOXEN

Ein Bluff
Weiß genau

Dass er vor
Etwas steht

Das gar nicht
Da ist

KIRSCHBAUM

Vögel
Sie lachen

Und machen
Dass er nur

Grün
Aussieht

Für ernstere
Räuber

ENTFERNUNG

So blau
Ist es draußen

Vögel hoch
Auf der Suche

Sonne
Und Regen

Haben Farbe
Aus Entfernung

HORIZONT

Wovor fliegen
Schwalben davon

Wenn der Himmel
Stets blau ist

So oft man
Sie sieht

E C H O S

Vögel lauschen
Im Flug

Und folgen
Den Echos

Nie ins
Vergangene

TREIBHOLZ

Abendrot

Farbeins
Der See

Und
Schwalben

Sie fliegen
So hoch

Über das
Ahnende Wasser

STECKFRÜCHTE

Fallen sie auf

Die Steckfrüchte
Am Fenster

Hast du
Den Sommer

Vergessen

HERBST

Dann sind
Die Farben nie

Wie zu leicht
Gemachte

Versprechen

V Ö G E L

Vögel singen
Im Herbst

Obwohl sie
Wissen

Dass Blätter
Dann

Rot darüber
Werden

SCHILFROHRBLÜTE

Gehst du durchs Moor
In der Schilfrohrblüte

Fällt nicht auf
Dass Reiher es

Leichter haben sich
Auf Stoppeln zu lieben

WILDGANS

Sie erlebt
Mehr aus

Ungeschützteren
Flanken

VERLETZTE VÖGEL

Siehst
Du sie

Am Teich
Trauern die
Schwäne

Neben
Lustigen
Finken

<u>T A B U</u>

Verletzte
Vögel

Sieht man
Nicht

ADLER

Wie fliegt
Ein Adler

Der weiß
Dass er es

Nicht
Kann

DIE RACHE DER EULE

Draußen spielt ein Tier im Schutz
Der noch größeren Wölfe

Es ist die Rache der Eule
Die weil du schnell genug warst
Die Nacht dir nach Hause holt

Auf dunklerem Grat
So erkundeter Furten

<u>WÖLFIN</u>

Furcht
Vor der
Höhle

Nackt
Wärmt ihr
Fell

Es
Wird dir
So hell

Wenn
Sie will
Dass

Dein
Schmerz endlich
Aufhört

ZWEI IM SCHILF

Im späten Verdacht sind
Dir Feinde am liebsten

Für die du
Blind bist

Schilf deckt
Das Reh dort

MITTEN IM GRÜN

Es heißt ich sei
Dem Schönen egal

Mitten im Grün
Zwischen den Palmen

Tränkt kein Fluss
Das Reh dort

PERSPEKTIVE

Es ist
Absurd

Im
Gras

Einen Fisch
Laufen zu sehen

UNTERSCHIED

Der Krebs
Fasst an

Die Qualle
Fasst um

Eine Frage
Des Zugehens

SPÄT

Lachse schwimmen
Im Meer

Und wünschen
Sich

Den süßeren
Regen

Ins fehlende
Blau

Das
Jetzt

Überall
Da ist

HAFEN

Dort sehen Schiffe
Gestrandet aus

Scherzen Delfine
Und wissen

Den Wellen das
Ufer zu lassen

Am plötzlichen Rand
Vom Blau im Wasser

<u>V E R R Ü C K T</u>

Verrückt
Zu sehen

Wie Wellen
Gegen Ufer rennen

Und doch
An ihnen stranden

F A R N

Ein beschatteter
Farn

Genügt
Sich

An selbstähnlichen
Wassern

TAUBNESSELN

Taubnesseln
Am Ufer

Nie greifst
Du hin

Und über Nacht
Wachsen sie

Weiter
Ins Blau

Vom schon
Ferneren Wasser

WILDER KLEE

Wilder Klee
Blüht weiß

Was tust du
Wenn nirgends mehr
Platz ist

Außer ihn doch
Zu betreten

VERSETZT

Mohnblumen

Sie fallen
Zusammen

Sterben

Am
Ersten Tag

PALMEN

Es gibt
Palmen

Die wie
Weiden
Ausseh'n

Dabei
Steh'n sie
Nicht mal

Am
Ufer

BLICK DER ROSE

Wenn du sie
Schneidest

Dann
Blutet sie nach

Ganz ohne
Schatten

Im eingedunkelt
Fremden

Ja jetzt noch
Fremderen Umfeld

S C H L I M M

Schneisen
Sind schlimm

Für den
Baum

F R A G E

Offenbleiben
Wird die Frage

Wie um
Himmels willen

Eine Rose
Sich behauptet

Für J.

VENEDIGS KANÄLE

Es geht
Um Druck

Und die
Umstände

Wenn es
Dem Wasser

Nicht
Leicht fällt

Dort weiter
Zu lächeln

S C H L E U S E N

Es ist gefährlich
Dem Fluss zu zeigen

Was er noch kann
Ohne die Schleusen

In dir nicht
Zu öffnen

FALSCHE ANWENDUNG

Du kannst dem Öl
Nicht vorwerfen

Dass es das
Flussbett verklebt

IN DER WÜSTE

Jeder Fluss fängt an
Sich zu wundern

Wenn er durch
Ein Bett fließt

In der
Wüste

IN DER WÜSTE

In der
Wüste

Kommst
Du

Nicht
Umhin

Den
Klapperschlangen

Zu
Trauen

DURCH DIE WÜSTE

Wer
Geht

Entscheidet
Die Lage

A B S C H I E D

Der schwerste Abschied
Ist der des Lächelns
Von den Tränen

Wenn dann die
Rosen zu nah sind

A B S C H I E D

Es muss schön
Sein im Regen

Wenn die Brut
Dann still ist

Ohne Aufseh'n
Zu geh'n

E I N H O R N

Das Wesen
Des Einhorns

Ist
Einsamsein

Kein Rabe
Pickt

Im Schnee
Dort

WINTERTAG

Weißes Licht
Durch Fichten

Blaue
Zypresse

Wer
Verliert

Wird weiter
Warten

ALPENROSEN

Es spricht
Viel

Für Blüten
Der Nacht

Wenn Rosen
Von Hügeln

Nur träumen
Können

N A C H T

Zur Nacht
Wirst du
Anders

Stille im
Gras

Und Blüten
Spüren ob

Tränen
Es sind die
Sie netzen

TIERE DER NACHT

Tiere
Der Nacht

Verhalten
Sich anders

Im Schatten
Der Sonne

N A C H T

Erhellst du
Die Nacht

Hast du sie
Verloren

Für J.

NACHT

Es ist
Ein Trick

Das Herz
Zu öffnen

Und nicht
Zu verbluten

Wenn nur
Aus der Nacht

Die Sonne
Zurückkommt

WESEN

Dass ein
Morgen geht

Ist gegen
Sein Wesen

GESPALTEN

Die Ahnung des
Letztlich Heimatlosen

Im unbewusst
Bewussten Dazwischen

ZYNISMUS

Flucht in Distanz
Haltende Klingen

Im Anschein wehrhaft
Durchmessener Räume

ZYNISMUS

Mimikry
Des

In der Seele
So allein

So verletzt
Sanften

ZYNISMUS

Maske aus Eis
Die sich lieber glaubt

Niemals
Ungeschützt

In der Sonne
Liegen zu dürfen

WEHRLOS

Was
Gewinnt
Man

Nicht mal
Position

Ein Satz
Gar nicht
Zu denken

Niemand
Greift an

GITTER

Gitter
Ohne Stäbe

Wenn
Es die doch
Gäbe

Wüßte ich
Wo sie nicht
Sind

IM BLAU DER SAPHIRE

Du wirst gut
Nur vergessen

Dass dein Schmerz
Nicht aufhört

Im Blau
Der Saphire

M E L A N C H O L I E

Wenn du nicht
In Gefahr bist

Und nicht kannst
Was du musst

Ist der Schmerz
Dir nicht bewusst

Nicht mehr
Endlich

MELANCHOLIE

Sie stellt
Ihre

Schatten
Nach draußen

Ins eingedunkelt
Fremde

Ja jetzt
So

Fremdere
Umfeld

UNTOTE MENSCHEN

Sie
Schwelen

Im
Licht

Im
Wind

Den
Blumen

Der
Hand

Wie
Asche

Der
Hoffnung

Die
Warm ist

FRAGE

Was machst du wenn
Du seit Jahren stirbst

Und dir gelingt

Geschickt dem aus
Dem Weg zu gehen

R E G E L

Wenn jeden Tag
Etwas stirbt

Ist der
Schmerz

Selten
Der letzte

GEFÄHRLICH

Gefährlich
Am Tod

Ist seine
Option

Die du
Hast

KARAWANE

Der Teufel
Weiß gut

Wen er
Früh genug

Noch
Bekommt

S E L T E N

Selten liegt es
Am Boden

Wenn du
Meinst

Er sei
Kunstrasen

M O M E N T

Natur gibt
Sich duldsam

Sie spricht
Zu dir

Wenn es
Sinn macht

AMORPHE FELDER

Die Weite bleibt
Nicht relevant

Weil sie sich
Nicht unterscheidet

SELBSTÄHNLICH

Ein kreatives
Außerhalb

Wäre wie

Das Kreuzen
Der Trägerbugwelle

S P U R E N

Du
Siehst

In den Spuren
Der Echos

Mehr als
Den Schall

Wenn Blicke
Sie rufen

CLAIR DE LUNE

Verwundernder
Moment

Der erinnert
Wie es war

Selbst etwas
Schreiben wollen
Zu können

So
Einen

Ich schrieb ihn
Jahre später

PREIS DES INDUKTIVEN

Nur Sonne
Fühlen

Um Feuer
Zu schreiben

A X I O M

Stell nur
Die Fragen

Die dich
Angehen

S C H R E I B E N

Wie der
Moment

In dem ein
Fluss beginnt

Das Meer
Zu berühren

FALSCHER SPIEGEL

Wie nackt stehst
Du da wenn

Du merkst
Dass du

Siehst was
Du sagst

K U N S T

Kunst existiert
Im Drang

Wie Liebe
In Freiheit

IN DER KUNST

Es gibt
Dort keine

Mildernden
Umstände

KONSEQUENZ

Form ist

Konsequenz
Des Moments

Nicht umgekehrt

B E W E G U N G

Musik ist

Bewegung
Des Moments

Nicht Wiederholung
Gleicher Abstände

STELLWERK

Es ist
Absurd

Musik so
Zu spielen

Dass man
Die Uhr

Danach
Stellen kann

METRONOM

Geschenk eines
Gefallenen Engels

Warum muss
Man das sagen

A L B I N O S

Selten
Gibt es

Zwei
Albinos

In derselben
Herde

T A N G O

Wie kannst
Du dich nah

Anders geht's
Ja nicht

Wohl dabei
Fühlen

<u>P R O F I</u>

Mehr
Verstehen

Als von
Dingen

Von denen du
Etwas verstehst

HANDIKAP

Erklärung
Hilft denen

Die sie nicht
Brauchen

IM KREATIVEN

Mir ist als
Mittel suspekt

Die
Kräfte

Ohne dann
Zu lügen

Sich
Einzuteilen

NÄHER

Im eigenen Zimmer
Wo die Welt schön ist

Meinst du
Den Träumen

Viel näher
Zu sein

Und nicht
Der Gefahr

Dass sie gar
Wichtiger sind

<u>S I C H E R</u>

Gedanken
In Worten

Wann bist du
Schneller an Orten

An die dir kaum
Einer folgen kann

F U R T E N

Schau
Auf das

Was in dir
Passiert

Und schau
Genau

Wohin du
Dann schaust

Beim
Lesen

<u>PUSTEBLUME</u>

Leicht und mit süßem
Drang sie zu halten

Macht er sich auf
Ihr zu folgen

Inhalt

Weitere Gedichte:

Sonnenuntergang auf blondem Hügel
144 Seiten
ISBN 978-3-89811-044-0
Hardcover ISBN 978-3-7357-7565-8

‚Von Bergen fließen Wasser
Weit über die Ufer
Mit dir hinein in ein
So blaues Umarmen'

Zurück ins Land der Pfirsichblüte
140 Seiten
ISBN 978-3-89811-602-2
Hardcover ISBN 978-3-7357-7749-2

‚Jeder Blick, der auf dir weilte,
Strich wie Lächeln durch dein Haar,
Und als ihr Herz dir fühlbar war,
Dann hört es sich das Eine sagen,
Und fängt an, dich heimzutragen.'

Im Blau der Saphire
152 Seiten
ISBN 978-3-8311-2040-6
Hardcover ISBN 978-3-7357-7459-0

‚Weil Du längst weißt
Dass sie einäugig ist

Lässt Du der Schlange
Den Vorteil der Nacht

Im blutwarmen
Wasser'

Honigfalle
156 Seiten
ISBN 978-3-8334-1260-8
Hardcover ISBN 978-3-7357-7534-4

‚Keiner
Weiß

Ob die Fliege
Am Fänger

Weg
Wollte'

Schmetterlingseffekt
160 Seiten
ISBN 978-3-8334-3109-8
Hardcover ISBN 978-3-7357-7535-1

‚Solltest
Du auf

Schmetterlinge
Hören die

Versehrt
Sind'

Lotgänge
176 Seiten
ISBN 978-3-8334-4677-1
Hardcover ISBN 978-3-7357-7543-6

‚Es
Ist vertan die
Ameisen nach dem
Verdienst zu
Fragen'

Blaualgenblüte
200 Seiten
ISBN 978-3-8334-9242-6
Hardcover ISBN 978-3-7357-7741-6

‚Im
Schimmer
Der Blaualgenblüte
Fallen die Schatten der
Weiden nicht tief ins
Verwunschene
Wasser'

Deichspiele
204 Seiten
ISBN 978-3-8370-0126-6
Hardcover ISBN 978-3-7357-7743-0

‚Wie weit
Kannst du den
Wasserrosen
Folgen'

Der Sprung der Delphine
244 Seiten
ISBN 978-3-8370-9707-8
Hardcover ISBN 978-3-7357-7465-1

‚Noch im Vergessen
Ihn vergessen zu haben
Fehlt dir der Schlüssel
Zu ihrem Geheimnis'

Im Echo der Finken
268 Seiten
ISBN 978-3-8423-5852-2
Hardcover ISBN 978-3-7357-6313-6

‚Glaubst du
Dass es die Liebenden
Nicht sähen falls man sich
Mt ihnen keine Mühe
Mehr gäbe'

Wasserläufer
416 Seiten
ISBN 978-3-8482-0495-3
Hardcover ISBN 978-3-7357-6238-2

‚Bambus
Folgt ihm noch
Schwanger gegen den
Rat sich windstill
Zu lieben'

Das Glück des Orangenmädchens
484 Seiten
ISBN 978-3-7357-4191-2
Hardcover ISBN 978-3-7357-6170-5

‚Selbst
Wenn es
Dich bittet
Wirst du
Es tun'

Kompositionen für Klavier:

Klaviermusik Vol. 1, CD
SKW-86211 (51:29)

(Marius Hoffmann:

1. Clair de lune
2. Nocturne
3. Albumblatt
4. Image
5. Étude-Tableau
6. Wiegenlied
7. Poème
8. Poème
9. Angela
10. Prélude d-moll
11. Vision
12. Nachtstück
13. Poem in fis
14. Poème extatique
15. Poem in e
16. Poème-Nocturne)

Klaviermusik Vol. 2, CD
SKW-86212 (58:02)

(Marius Hoffmann:

1. Dreamings
2. Romanze
3. Poème voilé
4. Poème enchanté
5. Méditation sur le nom de Bach
6. Kaleidoskop
7. Hommage à Scriabine
8. Poème fantasque
9. Valse
10. Poème énigmatique
11. Poème
12. Poème rêvé
13. Poème envolé

14. Enigma
15. Vision noctuelle
16. Boîte à musique
17. Lutin
18. Moustique)

Klaviermusik Vol. 3, CD
SKW-86259 (52:05)

(Alexander Skrjabin: ‚Moments intimes'

1. Poème, op. 32,1
2. Étude, op. 42,4
3. Fragilité, op. 51,1
4. Étude, op. 65,2
5. Poème, op. 69,1
6. Poème, op. 52,1
7. Rêverie, op. 49,3
8. Désir, op. 57,1
9. Poème, op. 59,1
10. Poème fantasque, op. 45,2
11. Caresse dansée, op. 57,2
12. Poème languide, op. 52,3
13. Prélude, op. 48,2
14. Feuillet d'Album, op. 45,1

Marius Hoffmann:

15. Poème mélancolique
16. Étude-Caprice
17. Danse grotesque
18. Impromptu
19. Conte)

Email: Marius.Hoffmann@gmx.de